◆印は不明確な年号、ころの意味です。

文化	世界の動き	西暦
1200 北条政子、鎌倉に寿福寺を建立	1202 第4回十字軍	1200
1205 藤原定家『新古今和歌集』成立		
1212 鴨長明『方丈記』	チンギス・ハン	
1213 ◆源実朝『金槐和歌集』	モンゴル統一	
1220 ◆『宇治拾遺物語』	マグナ・カルタ制定	
1224 ◆親鸞『教行信証』		
1227 道元、曹洞宗を伝える	1228 第5回十字軍	
	1241 リーグニッツの戦い	
1253 道元『正法眼蔵』	1248 第6回十字軍	
日蓮、法華経を鎌倉に布教	1270 第7回十字軍	
1260 日蓮『立正安国論』	マルコ・ポーロ東方旅行に出発	
1274 ◆北条実時、金沢文庫を開設		
1274 ◆一遍、時宗を開く	1271 元朝、成立	
1280 ◆阿仏尼『十六夜日記』	1279 南宋、滅亡	
1313 吉田兼好、出家する	1302 羅針盤の発明	1300
	1315 ◆鉄砲用火薬発明	
1327 夢窓疎石、鎌倉瑞泉寺創建	1321 ダンテ『神曲』	
1331 ◆吉田兼好『徒然草』	1328 バロア朝成立	
	1332 ◆ベネチア・フィレンツェなどの商業都市栄える	
1333 大徳寺を五山に列する		
1334 南禅寺を五山第一とする		
1339 北畠親房『神皇正統記』	1338 イギリス・フランス=百年戦争	
西芳寺庭園できる		1340

目　次

親　鸞　　　　　　文・有吉忠行　　　　　　　　6
　　　　　　　　　　絵・田中　清

日　蓮　　　　　　文・有吉忠行　　　　　　　　20
　　　　　　　　　　絵・鮎川　万

北条時宗　　　　　文・有吉忠行　　　　　　　　34
　　　　　　　　　　絵・岩本暁顕

源実朝　　　　　　　文 有吉忠行　　絵 福田トシオ　………　48
北条時頼　　　　　　文 有吉忠行　　絵 福田トシオ　………　50
吉田兼好　　　　　　文 有吉忠行　　絵 福田トシオ　………　52
後醍醐天皇　　　　　文 有吉忠行　　絵 福田トシオ　………　54
楠木正成　　　　　　文 有吉忠行　　絵 福田トシオ　………　56
新田義貞　　　　　　文 有吉忠行　　絵 福田トシオ　………　58
岡崎正宗　　　　　　文 有吉忠行　　絵 福田トシオ　………　60

読書の手びき　　　　文 子ども文化研究所　……………　62

せかい伝記図書館 22

親鸞
日蓮
北条時宗

いずみ書房

親鸞
(1173—1262)

念仏ひとすじの教えで、貧しい人びとを極楽浄土へみちびいた、浄土真宗の開祖。

●8歳で出家して比叡山へ

「南無阿弥陀仏、なむあみだぶつ。この念仏をとなえて阿弥陀さまにすがれば、ただそれだけで、だれでも、つぎの世には極楽浄土に生まれることができる。この世でよいことをした人間だけではない。慈悲ぶかい阿弥陀さまは、どんな悪人でも、やさしい心で救ってくださる」

このように教える浄土真宗を開いた親鸞は、1173年に京都で生まれました。父は、あまり身分の高くない貴族でした。母は、親鸞が7歳のころ亡くなったと伝えられています。

1181年、親鸞は出家して僧となり、修行のため比叡山へのぼりました。まだ、わずか8歳でした。

親鸞が出家するまえの年に、源氏と平氏の争いがはじまり、平氏の放った火で奈良の東大寺、興福寺などが焼

けおち、京の都も、すっかりみだれていました。また、全国各地に日照りがつづいて大かんばつがおこり、無数の人びとが、うえに苦しんでいました。

　親鸞が出家したのは、貴族の子のおおくが出家するという、このころの習わしにしたがったのだろうと、いわれています。しかし、武士のみにくい争いや、うえ死にしていく貧しい人びとの苦しみなどに心を痛めて、仏につかえる決心をするようになったのかもしれません。

　比叡山の天台宗の寺へ入った親鸞は、堂にこもって、くる日もくる日も、阿弥陀のまわりをめぐりながら南無阿弥陀仏をとなえる、常行三昧の修行をはじめました。

このころの比叡山の僧のなかには、寺を守るための山法師とよばれる僧兵がいて、仏の道を学ぶ修行をおろそかにしていました。また、自分の出世のことばかり考える僧も、たくさんいました。
「仏教は、いったい、なんのためにあるのだ」
親鸞は、仏教のみだれをなげきながら、板の間が凍りつくような寒い日も、一心に、修行にはげみました。

● **聖徳太子のお告げで法然のもとへ**

平氏が壇ノ浦の戦いでほろび、源頼朝が征夷大将軍となって鎌倉幕府の武家政治が進むうちに、20年の歳月が流れました。しかし、親鸞は、やはりきびしい修行をつづけていました。仏の正しい教えを、まだ、つかむことができません。そのうえ、僧になって20年もたつというのに、ふつうの人がいだくいろいろな欲望を、まだすてきれていなかったからです。
「このままではだめだ。わたしを救ってくれる、ほんとうの教えがほしい」
1201年、28歳になった親鸞は比叡山をおりて、聖徳太子が建てたと伝えられる、京都の六角堂へ入りました。救いをもとめて、100日間いのりつづけることを決心したのです。

　親鸞は、目をとじ、手をあわせて無心にいのりました。そして、50日、90日がすぎて95日目の夜が明けると、京都の東山のふもとに住む、法然のもとへ行きました。
　このとき親鸞は、95日目の夜明け、夢のなかで聖徳太子に「救われたいなら、阿弥陀にすがって念仏をとなえよ」と告げられ、念仏の教えを説いていた法然のところへ走ったのだ、と伝えられています。
「南無阿弥陀仏とは、阿弥陀さまにすがるということです。人間は、自分の力で仏に救われようとしてはなりません。ただひとすじに南無阿弥陀仏を念じてさえいれば、阿弥陀さまが救ってくださいます」

これが、浄土宗を説く、法然の教えでした。
「南無阿弥陀仏をとなえれば、自分の力で悟りをひらくことができると思っていたのは、まちがっていた」
　自分の力ではなく阿弥陀の力でこそ救われるのだ、ということを知った親鸞は、法然を師とあおいで、まよいのない清らかな心で念仏をとなえつづける修行をはじめました。そして、4年ごには法然から、浄土宗の教えを説く『選択本願念仏集』を書き写すことを、ゆるされました。師が著わした念仏集などを書き写すことは最高の弟子にしか、ゆるしてもらえなかったことです。
「阿弥陀さまは、どんな人間でも、わけへだてなく救ってくださるのか。どんな人間でも念仏をとなえつづければ、極楽浄土へむかえてもらえるのだ」
　親鸞は、念仏集を写しながら、法然の教えを、ひとつひとつ自分のものにしていきました。

●朝廷の命で越後へ流罪

　むずかしい経など読まなくてもよい。きびしい修行もいらない。南無阿弥陀仏を念じさえすればよい——。この、法然の教えは、国じゅうに広まり、とくに、貧しい人びとの、心の大きな支えになっていきました。
　ところが、親鸞が『選択本願念仏集』を写しはじめた

ころから、この法然の説く念仏ひとすじの教えは、ほかの仏教を信仰する僧や武士たちから、おさえつけられるようになりました。

阿弥陀に救われる念仏のひろまりのはげしさが、ほかの仏教の人びとをおそれさせ、ついには「経も修行もいらないなどというのは、仏教をみだすもとだ。念仏は人の心をまどわし、国もみだしてしまう」などと、朝廷にうったえるようになってしまったのです。

このとき親鸞をはじめおおくの弟子たちは、法然から、ほかの仏教といさかいをおこさぬように心がけて、念仏の教えを静かに広めるように言いわたされていました。

しかし、法然からうけたいましめは、なにもなりませんでした。

　1207年1月、朝廷から、念仏ひとすじの教えを禁止する命がくだり、そのうえ、法然は土佐（高知県）へ、親鸞は越後（新潟県）へ流されることになってしまったからです。親鸞のほか6人の弟子も捕えられて各地へ送られ、さらに4人が首をはねられてしまいました。

　親鸞は、僧の身分もうばわれ、名を藤井善信と名のらされて、越後へむかいました。土佐へ追いやられた法然も、藤井元彦と名のらされていました。

　京都をはなれる朝、師の法然を見送ることがつらい親鸞は、師よりも先に、都を出ていったということです。

　親鸞は34歳、師の法然は74歳。心からしたっていた師とは、これきり、二度とあうことはありませんでした。

「朝廷が、仏の正しい教えをきこうともしないで、はらをたてるとは、いったい、どういうことだったのだ」

　親鸞はのちに、このときの無念さを、このような言葉にしています。ほかの仏教の信者のいうなりになった朝廷が、よほど、にくく思えたからにちがいありません。

● 越後にとどいた悲しい知らせ

「僧の身分をとりあげられてしまったのだから、もう僧

ではない。しかし、ふつうの人間にかえるわけにもいかない。僧にあらず俗人にあらず。まあ、ばかな、はげ頭というところか」

　越後にたどりついた親鸞は、自分を、このように笑って、流人の生活をはじめました。

　越後での生活が、どのようなものだったのか、よくは、わかりません。いつも黒い衣を身につけ、南無阿弥陀仏を口ずさみながら、田をたがやし、たねをまき、みのった作物を刈りとる毎日ではなかったのか、といわれています。生まれてはじめてくわをにぎった手は、まめがやぶれ、赤い血でそまっていたかもしれません。

経を読むことはゆるされても、教えを広めることは禁じられていたのか、人びとに仏の道を説くことは、あまりおこなわなかったようです。

　越後へきて1年がすぎたころ、親鸞は、この土地の豪族の娘と伝えられる女と、けっこんしました。のちに、出家して恵信尼となった女です。恵信尼は、教養があり、仏教への信仰心のあつい人でした。

　このころ、仏につかえるものがけっこんすることは、僧のきまりにそむくものだと、されていました。しかし親鸞は「人間が人間らしい生活を求めて、どうして悪いことがあろう。阿弥陀さまは、どんな人間も、けっして、さげすんだりなさらないはずだ」と、考えたのだろうといわれています。また「今はもう僧の身ではないのだから」と、わりきったのだろうとも伝えられています。やがて恵信尼とのあいだに、子どもも生まれました。

　1211年、親鸞は、罪をゆるされました。越後へ流されて5年目の11月のことです。

「京へ帰れる。法然さまにも、おあいできる」

　親鸞は、はげ頭をぴたぴたたたいて、よろこびました。

　ところが、春になったら越後を去ることを楽しみにしていた、つぎの年の正月、悲しい知らせをうけました。

　京都へもどったばかりの法然が、亡くなったというの

です。親鸞は、声をおさえて泣き、いく日も食事もとらずに、なげき悲しみました。そして、なみだがかれ果ててしまったとき、大きな決心をしました。
「もう、京都へはもどるまい」

●念仏をとなえつづけて20年

　法然の死を知ったのち、そのまま越後にとどまっていた親鸞は、1214年、7年のあいだ住んでいたこの雪国に別れをつげて関東へ足をむけ、常陸国（茨城県）におちつきました。しかし、すっかり住みついてしまったのではありません。

「貧しい人びとに、法然さまの教えを伝えよう」
親鸞は、それからの17、8年間、常陸国を中心に、関東の町や村をめぐり、さらに、東北の各地へも旅をつづけて、念仏のありがたさを説いてまわりました。
「南無阿弥陀仏さえとなえれば、仏さまは、おれたちも救ってくださるそうだ」
またたくまに、たくさんの町人や農民が親鸞をしたい、念仏をとなえて仏の救いにすがるようになりました。鎌倉幕府の武士中心の政治によって、武士の力が強くなればなるほど、町人や農民の苦しみはひどくなっていたからです。でも、親鸞の説きかたは、けっして、人におしつけるようなものではありませんでした。

ある日、念仏が広まることをこころよく思わない山伏が「きょうこそは、あの、くそ坊主を討ち殺してくれん」とばかりに、親鸞の家へおしかけてきました。ところが親鸞は、山伏の荒あらしい声にも、腰の大刀にもおどろかず、山伏をまるで客のように家のなかにまねき入れました。すると山伏は、自分のような人間にもやさしく声をかけてくれた、親鸞のあたたかさに心うたれて、そのときから刀をすてて、念仏にすがるようになったということです。

これは『親鸞上人絵伝』という本にしるされ、親鸞が、

どんな人間も平等に愛し、だれにでも心静かに仏の道を説いたことを伝える話です。

親鸞は、念仏を広めるいっぽう、51歳のころには、仏のいろいろな教えをひとつにまとめて『教行信証』を書きました。これは、のちに浄土真宗のいちばんたいせつな経典となったものです。

こうして、おおくの人びとにしたわれ、さらに経典も書くことができた常陸での生活は、親鸞の生涯のなかで、最も生きがいのあるときだったのかもしれません。恵信尼とともに満ちたりた毎日が明け暮れるうちに、20年ちかい歳月が流れていきました。

●京都の片すみで極楽浄土へ

　60歳をすぎた親鸞は、1234年ころ関東を去り、およそ25年ぶりに、京都へ帰りました。

「もう、もどるまい」と心にきめていた京都へむかったのは、このころ、またも念仏ひとすじの教えが、こんどは鎌倉幕府ににらまれるようになったからだろう、と伝えられています。また「口で念仏を説くことがゆるされないなら、寺のおおい京都へでて仏の教えを本に著わしていこう」と考えたのだろうとも、いわれています。

　念仏の教えは、親鸞が京都へ帰ってきてまもなく、朝廷の命令で、ふたたび禁止されてしまいました。

　今は亡き師の法然をしのびながら京都の町に立った親鸞は、20数年まえに師弟12人が処罰されたときの悲しみをふりすてて、仏のさらに深い教えを求めつづけました。

　幕府からにらまれる身では、おちついて住めるところもなく、都のなかを、次つぎに住まいをかえなければなりませんでした。

　でも、越後に流されたときのことを思えば、住まいの定まらないことなど、なんでもないことです。心で念仏をとなえながら筆をとった親鸞は、やがて『浄土文類聚鈔』『愚禿鈔』『入出二門偈』など、念仏の教えを説く本、

仏の教えをたたえる本を、数おおく著わしていきました。また、関東に残してきた信者たちには、なんども手紙を書き送って、人びとのなやみにこたえてやりました。

京都へ帰ってきて、およそ30年、90歳にとどくようになっても筆をはなさなかった親鸞は、1262年、都の片すみの善法院で長い生涯を終えました。念仏をとなえる人びとのこと、恵信尼のこと、子どものことを思いやりながら、眠るように、極楽浄土へ旅だっていったということです。

親鸞の教えは、死後、弟子の唯円がまとめた『歎異抄』のなかに、わかりやすく伝えられています。

日蓮
(1222—1282)

どんな迫害にもめげず、自分の信じる法華経のためにたたかいつづけた、日蓮宗の開祖。

●ふたつの疑問をいだいて寺へ

「南無妙法蓮華経、なむみょうほうれんげきょう」

この題目をとなえつづけて日蓮宗をおこした日蓮は、1222年に、安房国（千葉県）の小湊という漁村に生まれました。幼いときの名を善日麿といいました。父は、農業のかたわら漁師をしていましたが、小湊へくるまえは、鎌倉幕府の武士だったと伝えられています。

わが子の教育に熱心だった父から文字を教わり、仏教の話を聞いて育った善日麿は、12歳のころ、2つの大きな疑問をいだいたということです。

「壇ノ浦の戦いでは、天皇が海に身を投げられた。承久の乱では、3人の上皇が島流しにあわれた。日本は仏教がさかんなのに、どうしてこんなことがおこるのだろう」

「日本には、天台宗、浄土宗、禅宗など、いくつもの仏

教がある。シャカの教えは1つなのに、どうしてだろう」
　善日麿は、父や村びとから世の中のことを聞いては、ひとりで広い海とむきあって考えました。
　やがて、近くの清澄山へのぼった善日麿は名を薬王麿とあらため、清澄寺の道善のもとに弟子入りしました。疑問がとけるまで勉強してみることを、父にすすめられたのです。
　薬王麿は、およそ4年のうちに、清澄寺にあったすべての書物を読みつくしました。しかし、疑問がとけないばかりか、心のなやみはふえるばかりでした。
「もっと広い世界へでて、ほんとうのことをさがそう」

15歳になったころ、かみをそりおとして一人前の僧になり、こんどは名を蓮長とあらためて、幕府がおかれている鎌倉へ旅だちました。そして、数年、浄土宗や禅宗を学んだのち、1242年には、さらに京都の比叡山へのぼって、天台宗の延暦寺へ入りました。
「どれが、ほんとうの仏教なのだろうか」
　蓮長は、あらゆる仏教の本を読みながら、きびしい修行をつづけました。比叡山にこもっていただけではありません。紀伊国（和歌山県）の高野山、近江国（滋賀県）の園城寺など、おおくの寺へ足をはこび、教えがことなるひとつひとつの仏教の、ほんとうの心をもとめつづけました。また、和歌、儒学、神学なども学んで、自分の心を豊かにしていきました。

●はじめから迫害とのたたかい

「やっとわかった。法華経こそ、シャカの教えをもっとも正しく伝えるものだ」
　1253年、蓮長は比叡山をくだって、ふるさとの安房国へ帰りました。長いあいだの疑問をとくことができたのです。比叡山へのぼって11年の歳月がながれていました。
　4月28日の朝。蓮長は清澄山をおとずれ、太平洋をのぞむ山のいただきに立ちました。やがて、東の空に日

がのぼりはじめ、金色の光が、蓮長をつつみました。
　蓮長の口から、思わずしぼりだすような声がもれたのは、このときです。
「南無妙法蓮華経、なむみょうほうれんげきょう」
　蓮長の声は、金色の光と１つになって、天空へすいこまれていきました。のちに日蓮宗とよばれるようになった新しい仏教が生まれたのは、この日だといわれています。蓮長は、日蓮と名のりました。しかし、こうしてはじめて「南無妙法蓮華経」をとなえたときから、日蓮の苦しい生涯がはじまりました。
「浄土宗、禅宗、真言宗などの教えはまちがっています。

こんな教えを信じていては、人間は苦しみからけっして救われません。国もほろびます。仏の正しい教えを説くのは法華経だけです。法華経だけを信じなさい」

清澄寺の道善、この地方をおさめる東条景信、それに父と村びとたちの前で、こんなことを説いたからたまりません。日蓮に、自分の信じる仏教を悪くいわれた人びとは、からだをふるわせて怒りました。なかでも浄土宗を深く信じていた景信は、いまにも刀をぬいて日蓮にきりかからんばかりに、いきりたちました。もしも、このとき道善が景信をなだめていなかったら、日蓮は、ほんとうに命をとられてしまったかもしれません。

「日蓮、おまえは、もう弟子ではない。この地を去れ」

日蓮は、やがて道善に別れをつげられました。法華経いがいの仏教の悪口をいえば人びとが怒ることなど、日蓮には、はじめからわかっていたことです。だから、景信に殺されそうになっても、日蓮はひとつもこわくはありませんでした。しかし、そのごまもなく、日蓮はふるさとをあとにしました。日蓮の身のきけんを心配して、わざと「もう弟子ではない、この地を去れ」と言ってくれた道善の愛が、よくわかっていたからです。

安房をはなれるとき、父にも母にも「ほかの仏教を悪くいうのはきけんです。法華経だけが正しいなどと言っ

てはなりません」と、さとされました。でも、日蓮の心は、すでに法華経を広める熱意に、赤くもえていました。

●石を投げつけられながら辻説法

「たくさんの武士や町人が集まっている鎌倉へ行って、法華経を広めよう」

　日蓮は、鎌倉松葉ヶ谷の小さなわらぶきの家に、住まいを定めました。しかし、鎌倉にはたくさんの寺があっても、法華経を説かせてくれる寺はひとつもありません。

　法華経を広める方法を、日蓮は考えました。そして思いついたのが、町なかで、道を行く人びとに教えを説く

辻説法です。

「浄土宗など、南無阿弥陀仏をとなえる念仏宗を信じてはいけません。南無阿弥陀仏などをとなえていると地獄へおちます。禅宗も悪魔の教えです。法華経を信じなさい。正しいのは法華経だけです」

日蓮の口からは、火をはくような、はげしい言葉がとびだします。おどろいたのは、道を行く武士や町人です。怒った人たちからくそ坊主よばわりされ、毎日のように石が飛んできました。しかし、たとえひたいから血がふきだしても、口をとじませんでした。

「今、石を投げている人たちも、いまにきっと、南無妙法蓮華経をとなえるようになる」

日蓮の心は、どんなこともおそれない自信にあふれていました。まぶたの奥に父と母の心配そうな顔がうかぶと、ひときわ大きく南無妙法蓮華経をとなえて、それをうちはらいました。

春、夏、秋、冬、そしてまた春がすぎていくうちに、日蓮の話に耳をかたむける人が、すこしずつふえ、松葉ヶ谷の家にも、教えをうけにくる人がすがたを見せるようになりました。そのなかには、幕府につかえる武士もいました。

しかし、幕府は、法華経に心をよせようとはしません

でした。鎌倉には古くから浄土宗が伝わり、そのうえ幕府は、日蓮が鎌倉に現われた同じ年に建長寺を建てて、禅宗をたいせつにするようになっていたからです。

●家に火をつけられ武士におそわれ

　日蓮が鎌倉で法華経を説くようになって3、4年ごから、鎌倉をはじめ全国各地で、地震、暴風雨、大洪水、ききん、伝染病の流行などがつづき、貴族も武士も町人も農民も、不安につつまれました。

　幕府は、神社や寺に命じて災害がしずまるのを祈らせましたが、2年たっても3年たっても、ききめがありま

せん。そのうち鎌倉の町かどには、うえ死にしていく人びとや、病気で動けなくなる人びとのすがたが、たくさんみられるようになりました。人を殺して物をぬすむ夜盗のむれも、はびこるようになってしまいました。

こんな世の中に心をいためてきた日蓮は、38歳になった1260年に『立正安国論』という本を書いて、幕府の政治の権力をにぎっている北条時頼にさしだしました。

「世の中に不幸がつづくのは、人びとが念仏宗などを信じるからです。正しくない仏教が広まったため、国を守る神が怒っています。この不幸を救えるのは法華経だけです。法華経いがいの仏教を早く禁止してしまわないと、ますます国内はみだれ、外国から侵略されるような国難もおとずれます。法華経を信じなければいけません」

『立正安国論』にしるされていたのは、このようなことです。日蓮は、国をおさめている幕府に、考えをあらためさせようとしたのです。

しかし『立正安国論』は、幕府をなにひとつ動かすことはできませんでした。日蓮のうったえが、北条氏ににぎりつぶされてしまっただけではありません。松葉ヶ谷の住まいを、念仏宗の怒りくるった信者たちに焼打ちされてしまいました。

日蓮は、いちどは下総国（千葉県）へのがれました。

　でも、人びとから苦しいめにあわされれば、あわされるほど心をもえたたせ、つぎの年には鎌倉へもどって、やはり、ほかの仏教へのひはんをつづけました。
　ところが、1261年5月、念仏宗の人びとにうったえられて、ついに幕府の武士に捕えられ、罪人たちが送られる伊豆（静岡県）へ流されてしまいました。ゆるされて鎌倉へもどったのは、それから2年ごのことです。
　1264年、42歳の日蓮は、ひさしぶりに安房へ帰りました。すでに父は亡くなっていましたが、残された母のやまいがおもいという知らせを、うけとったからです。
「母上、いつも心配ばかりかけてすみません。でも、正

しい仏教を広めるのは、わたしにあたえられた役目です」
　日蓮は、やせほそった母をいたわりながら、いっぽうでは、法華経を広めるためには命がけで生きていくことを、はっきりとつげました。

　わが子の顔を見て安心したのか、母の病気は少しずつよくなりました。しかし、母のために南無妙法蓮華経をとなえつづける日蓮の身には、思いがけない災難がふりかかりました。ある日、人にまねかれて外へでかけたとき、10数年まえから日蓮をにくんでいた東条景信のけらいたちに、おそわれたのです。ひたいに傷をうけ、左手を打ち折られた日蓮は、まだ病床の母を気づかいながら、ふるさとを去らなければなりませんでした。

●佐渡島へ3年間の島流し

　日蓮が安房で傷を負ってから4年ごの1268年、日本じゅうが、大さわぎになりました。海のむこうの蒙古大帝国（3年ごに元となる）の使者が、日本へ「蒙古に従え。いうことをきかなければ日本を攻めるがよいか、返事をよこせ」という、手紙をもってきたのです。

　しかも、返事ももたせずに使者を追い返したのですから、ますますたいへんです。蒙古軍は、きっと攻めてくるにちがいありません。朝廷も幕府も、神社や寺に命じ

て、国の安全を祈らせることをはじめました。
「蒙古が攻めてくる……。わたしの予言したとおりだ」
　日蓮は、松葉ヶ谷の家を焼かれたことも、捕えられて伊豆へ流されたことも忘れて、さけびました。そして、こんどは幕府の執権北条時宗に『立正安国論』の正しさを伝えました。また、鎌倉にある11の寺に手紙を送って「法華経が正しいか、浄土宗や禅宗などが正しいか、はっきり決めようではないか」と、言いわたしました。
　しかし、そのけっか日蓮へ返ってきたものは、佐渡島（新潟県）へ島流しという大きな苦難だけでした。ほんとうは、このとき日蓮は島流しにみせかけて、とちゅう

で首をはねられることになっていました。ところが、いよいよ処刑というとき、いまにもふりおろそうとする武士の刀に、まるで天の怒りのように雷がおちかかり、日蓮の命はあやうく助けられたのだ、と伝えられています。

　佐渡に流された日蓮は、死んだ罪人たちをすてる塚原というところで、きびしい生活をはじめました。

「このような苦しみをさずけられるのは、わたしに、法華経を伝え広める使命があたえられているからにちがいない。国と人びとを救い、この世を極楽浄土とするために、どんな苦しみにも、たえなければ……」

　日蓮は、雨の日も風の日も雪の日も、南無妙法蓮華経をとなえて、苦しみをのりこえていきました。そして、佐渡の人びとにも法華経を広めながら、自分の考えを説く『開目抄』などを著わしました。

● 幕府にあいそをつかして身延山へ

　1274年、3年間の島流しをゆるされた日蓮は、元軍が攻めてくるうわさの広がっている鎌倉へ、もどってきました。幕府は『立正安国論』の予言があたっていることをおそれ、日蓮に国の安全を祈らせるために、鎌倉へよびもどしたのだといわれています。

　しかし、日蓮は、幕府のたのみをはげしくつき放して、

甲斐国(山梨県)の身延山へ入ってしまいました。幕府は、法華経を広めることはゆるしましたが、念仏宗や禅宗などを禁止することは、みとめようとしなかったからです。

　さいごまで自分の信念をつらぬきとおした日蓮は、そのごはこの身延山で本を書き著わしながら法華経を広めることに力をつくし、1282年に、60歳の生涯を終えました。1274年と1281年に元軍がおそってきたのは、日蓮が身延山にいるあいだのことでした。

　日蓮は、生涯、はげしくたたかいつづけました。しかし、父母や師や弟子たちには、いつも、あたたかい春の光のように心やさしかったということです。

北条時宗
ほうじょうときむね

(1251—1284)

2度にわたる元のしゅう来から日本を守った、勇気ある鎌倉幕府の若い執権。

●さすがは北条氏のせがれ

1261年の春、鎌倉の極楽寺で、走っている馬上から弓矢で小さな笠を射る、笠がけのきょうぎ会が開かれたときのことです。

その日はどうしたことか、弓の名人といわれるほどの武士がいくら矢を放っても、だれひとり、笠に命中しません。見物している将軍も武将たちも、ふきげんです。

そのときです。ひとりの少年が現われました。執権として、幕府の政治をつかさどる北条家の、相模太郎時宗です。時宗は、まだ、わずか10歳です。でも、いならぶ武士たちの前にでても、おそれるようすはありません。馬上から、大きく開いた目で、遠くの的をにらみつけています。

人びとのため息がとぎれて、きょうぎ場は静まりかえりました。やがて、時宗は、馬をおどらせました。そし

　て、たてがみをなびかせて突っ走る馬の背で、きりきりっと弓をしぼり、はっしと矢を放ちました。
　つぎのしゅんかん、人びとのあいだから、山でもくずれたような、どよめきがおこりました。弓をはなれてきらりと光った矢は、みごとに笠に命中したのです。
「さすがは、北条どののせがれじゃ」
　何ごともなかったように去っていく時宗を、将軍と武将たちはいっせいにほめたたえました。
　これは、のちに鎌倉幕府の第8代執権になった北条時宗が、少年のころから、いかにも鎌倉武士らしい人物だったことを伝える話です。

鎌倉幕府第5代執権の北条時頼の子として生まれた時宗は、生まれたときから、やがて執権職の位につくことが約束されていました。執権というのは、将軍を助けながら、幕府の政治のすべてをつかさどる幕府最高の職です。源実朝が鎌倉幕府の第3代将軍になったときから、北条氏が、この執権職をうけついできていました。

● 17歳で幕府の執権職に

このころ、中国ではチンギス・ハンの孫のフビライ・ハンが蒙古大帝国をきずき、朝鮮の高麗を征服して大きな勢力をふるっていました。そして、さらに勢力をのばすことをねらって、1268年2月、日本へ使者を送ってきました。フビライは「高麗はすでに従った。日本ともしたしく交わりたい。日本から使者をよこせ。もし、いうことを聞かなければ武力で従わせることになるが、それでもよいか」というのです。

このフビライからの国書を手にした幕府と朝廷は、半ばは蒙古大帝国の力をおそれながらも、フビライの無礼に怒りました。そして、返書も持たせないまま使者を追い返してしまいました。

時宗が、17歳で幕府の執権になったのは、このときです。

「蒙古軍はいつ攻めてくるかわからぬ」

蒙古軍が攻めてくればいさぎよく戦うしかないと考えた時宗は、九州の武士たちに、海岸の守りをかためるように命じました。

朝廷では、国の安泰を、神社や寺に命じて祈らせました。蒙古軍と戦う決意をした時宗も、やはり祈りました。アジア征服をねらう蒙古軍の強さが知れわたっていたうえに、日本が外国の軍勢に攻められるのは、国がはじまって以来、初めてのことだったからです。

このとき時宗は、法華経を深く信仰する日蓮に「外国が攻めてくるようなことがおこるのは、法華経を信じな

いからです。この世で正しい仏教は法華経だけです。ほかの浄土宗や禅宗などの教えはまちがっています。法華経を信じないと、ほんとうに蒙古が攻めてきます」と、つげられました。時宗は、日蓮の言葉に心をおののかせました。しかし、日蓮をうらむ武士や僧のうったえを聞き入れて、日蓮を佐渡島へ島流しにしてしまいました。

　フビライは、1268年と1269年につづいて、1271年にも使者を送ってきました。そして、1271年には蒙古大帝国の国号を元と改め、やがて高麗に命じて船をつくらせ、日本へ攻めこむじゅんびをはじめました。

　返事をもたせずなんども使者を追い返した時宗は、ついに、フビライの怒りを爆発させてしまったのです。

● 攻めてきた元の大軍

　1274年10月、高麗軍を従えた元の大軍が、まず対馬と壱岐をおそって島の日本人をぎゃく殺し、いきおいにのって博多湾へ攻めよせてきました。およそ900せきの船に乗った2万8000人の軍勢です。

　時宗の命令で海岸の守りをかためていた九州の武士たちは、上陸してきた元軍に命がけで立ちむかいました。

　しかし、初めて外国と戦う日本の武士は、すっかり、とまどってしまいました。

　武士たちが手にしているのは、弓矢や刀です。戦いかたも一騎うちです。ところが元軍は、長いやりや毒をぬった矢で攻めかけてきます。兵が投げる火薬をつめた鉄の球が飛んできたと思うと、耳がつぶれるほどの音ではれつして、火花が飛びちります。戦いかたも一騎うちなどではなく、おおぜいでいっせいにむかってきます。

　一日じゅう、日本軍の苦しい戦いがつづき、夜になって元軍が船へひきあげたあとには、おおくの武士がたおれていました。老人、子ども、女たちはにげまどい、神社や民家も焼かれていました。

　ところが、その夜、北九州にはげしい風雨が吹き荒

れました。そして、夜が明けてみると、元軍の船はあとかたもなく、すがたを消していました。元軍は、あらしにおそれをなし、いかりをあげて逃げ帰ったのです。このとき元軍は、昼間の戦いの死者をあわせると、1万数千人を失ったと伝えられています。

日本は、あらしの力で元軍を追いはらうことができました。この戦いを「文永の役」とよんでいます。

● 使者を切って国難に立ちむかう

「元軍はにげた」「日本が勝った」「国難は去った」

こんな知らせは、矢のような早さで京都の朝廷にも鎌倉の幕府にもとどきました。知らせを聞いた時宗は、胸のなかで、ほっと安どのため息をついたにちがいありません。でも、けっして気をゆるめませんでした。フビライが、負け戦のままひきさがるとは、どうしても思えなかったからです。

時宗が考えていたとおり、つぎの年の4月、フビライは、またも5人の使者を送ってきました。しかし、24歳の時宗は、こんどは何もおそれず、鎌倉に近い竜ノ口で使者全員を処刑してしまいました。そして、ただちに、ふたつの計画にとりくみはじめました。

「九州の武士を集め、逆にこちらから海をわたって高麗

を討ってしまえ」「ふたたび攻めてくる元軍にそなえて、博多の海岸いったいに石垣をきずけ」

　海のむこうの大陸をにらんだ時宗は、まず、元軍の手先になっている高麗に、日本のほうからいどみかかることを考えたのです。でも、この高麗を討つ計画は、まもなく思いとどまりました。九州の武士たちには、石垣をきずかせることだけで、せいいっぱいだということがわかったからです。

　1279年、フビライは、またまた使者を送ってきました。時宗は、この使者を鎌倉へよびつけることすらせず「フビライ、これを見よ」とばかりに、博多の浜で首をおと

させました。
　使者を２度も切ったからには、元が、１回め以上の大軍勢でおそってくることは、もう、まちがいありません。時宗は、勇気をふるいおこしました。でも、１回めのとき「もし、天の助けのあらしがこなかったら」と思うと、そらおそろしい不安もつのりました。
　元の使者を博多の浜で切った年に、中国南部の宋から禅僧の祖元をむかえていた時宗は、不安なときはこの祖元とむかいあって、波だつ心をしずめました。家来たちには見せたことのない心の苦しみを、ひそかにうちあけ、祖元に「なやみも、まよいもすてて、勇気をもって立ちむかうがよい」と、教えられたということです。祖元の教えにすがる時宗のまぶたの奥には、海をうずめつくした元の船が、うつっていたのかもしれません。

●天の助け、吹き荒れた暴風雨

　時宗が30歳になった1281年、とうとう、14万を数える大軍が、東路軍と江南軍のふたつに分かれて、おそいかかってきました。まず６月の初めに博多湾に現われたのは、兵の数４万の東路軍です。
「たったひとりの敵も日本へあげるな。功をたてたものには、ぞんぶんにほうびをつかわす。みな、ふるいたて」

　執権職を守るために鎌倉をはなれることができない時宗は、使者を走らせて、北九州に集まった武士たちをはげましました。また、ふたたび神社や寺に強く命じて、勝利を祈らせました。
　九州の武士は、自分たちできずいた石垣にふみとどまって戦いました。火を吹く鉄の球も、もう、こわくはありません。勇気あるものは小舟を海にこぎだして、敵の船にのりこみ、あるいは火を放って、元軍を苦しめました。そして、7月の中ごろには、東路軍のすべての船を、博多湾から追いはらってしまいました。このとき京都や鎌倉には、上陸した元の大軍がまもなく攻めのぼっ

てくる、といううわさが広まっていたということです。

　7月の終わりに、こんどは兵の数10万の江南軍が、肥前国（佐賀県）の鷹島ふきんに現われました。大きな島が動いていると見えるほどの数千の船です。海岸から船を目にした武士も、漁師も、農民も、きもをつぶしました。

　ところが、またもや、思いがけないことがおこりました。7年まえよりも強い風と雨が吹き荒れたのです。

　元軍の船は、さかまく波にのまれ、岩にあたってくだけ、あらしが静まったあとの海には、たった1せきの船も見あたりませんでした。

　このとき、元軍のおよそ4000せきの船のうち3000せき以上が海底に消えました。そして14万人もいた兵のうち、命からがら高麗へたどりついたのは3、4万人にすぎなかった、といわれています。また、武士たちが守りをかためていた海岸には、元軍兵の死体が、まるで土手をきずいたようにつらなった、と伝えられています。

「日本は、ふたたび元軍に勝った」

　この知らせを聞いた鎌倉の時宗は、こぼれおちそうになるなみだを、天をあおいでこらえました。

　天の怒りのような暴風雨が、またも元軍を追いはらってくれたのは、ほんとうに奇跡でした。この元軍との2度めの戦いを「弘安の役」とよんでいます。

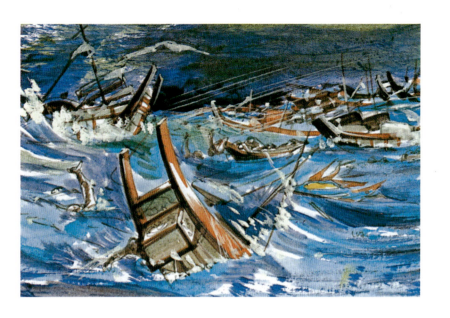

● 身も心も使い果たして

　時宗は、暴風雨に助けられたとはいえ、幕府執権としての武士をまとめる強い力と、鎌倉武士としてのきびきびした決断によって、ぶじに、元の侵略から日本を守りぬきました。

　ところが、国を救うことはできたものの、幕府のなかには、大きな問題が残りました。

　戦いには勝っても、元から何もとりあげてはいません。また、戦いに金をつぎこんだため、幕府の財政は苦しくなっています。だから、文永の役、弘安の役にてがらを

たてた武士たちに、ほうびらしいものをあたえることができません。

　武士だけではなく、長いあいだ日本の勝利を祈りつづけた神社や寺も、日本の勝利はわれわれの祈りがあったからだと、やはり、ほうびをねだってきます。でも、これにも、こたえることはできません。戦いのじゅんびにかりだされた農民たちも困っていますが、どうしてやることもできません。

「このままだと、人びとの心が幕府からはなれてしまう」
　時宗は、元との戦いのとき以上に、苦しまなければなりませんでした。

　早くから禅宗を信仰していた時宗は、1282年、鎌倉に円覚寺を建てました。そして、元との戦いのときに教えをうけた祖元をむかえて、自分自身の信仰をさらに深めるいっぽう、元との戦いに死んでいった人びとの霊をなぐさめました。また、日本の武士だけではなく、北九州の海に投げだされて死んでいった元の兵たちの霊をも、いっしょにとむらってやりました。

「フビライは、もういちど攻めてくるかもしれない」
　時宗の心には、いつも心配がつきまとっていました。ほうびをもらえない武士の不満をなだめながら、北九州の守りにも、まだまだ力を入れなければなりません。円

　覚寺を建てたつぎの年には「またも元軍きたる」のうわさが流れ、さらに、気持ちをひきしめなければなりませんでした。

　1284年、時宗は、33歳の若さで世を去りました。弘安の役で元軍をしりぞけてから、わずか3年ごのことです。元軍から日本を守りとおすことに、身も心も使い果たしたのだろうと、いわれています。元と戦うために生まれてきたような生涯でした。

　時宗の死ご鎌倉幕府は、しだいに政治権力をめぐる争いが高まり、また、時宗が心配したとおりに武士たちの心もはなれて、少しずつおとろえていきました。

源　実朝 (1192—1219)

　1219年（承久1年）1月27日、鎌倉の鶴岡八幡宮で、源実朝が右大臣になったことを祝う拝賀式がおこなわれました。そして、式が終わり、実朝が拝殿から参道までの石段を降りてきたときのことです。かたわらのイチョウの大木のかげからとびだした一人の若者が、実朝に切りかかりました。

　実朝は刀をぬくひまもありません。おりから舞い落ちていた粉雪が、一瞬のうちに赤い血に染まり、鎌倉幕府第3代将軍源実朝は、こうして27歳の短い生涯を閉じてしまいました。

　実朝は、鎌倉幕府を開いた源頼朝を父に、伊豆の豪族北条時政の娘だった政子を母に、その次男として生まれました。

　実朝が8歳のとき父が亡くなり、兄の頼家が第2代の将軍になりました。ところが頼家は、時政の力で、およそ1年でしりぞけられ、わずか11歳の実朝が、将軍の位につくことになりました。これは、年若い実朝を将軍にして、政治の実権を自分のものにしようとする、時政のたくらみによるものでした。

　実朝は、名前だけの将軍になったのです。そのうえ北条氏によって、頼家をはじめ源氏の有力な武将たちが、次つぎにたおされていくと、将軍の位は、ますます飾りものにすぎなくなってしまいました。

　少年時代を、一族のみにくい権力争いにまきこまれてすごすうちに、実朝は、和歌、音楽、けまりなど、京の都のみやびやかな文化に、あこがれるようになりました。きっと、心のやすまるものを求めたのでしょう。まもなく京の公家の娘と結婚すると、ますます、都の文化に心をひかれていきました。

　実朝は武士です。武士を従える将軍です。しかし、やがて将軍として生きていく道はすてて、朝廷から官位を上げてもらうことだけを、生きがいとするようになりました。そして、右大臣の位を手に入れたときに、死の悲劇がおとずれたのです。
　実朝を殺した若者は、実朝の兄頼家の子の公暁でした。
「実朝がいなくなれば、つぎの将軍はあなたですよ」
　公暁は、時政の子の義時に、このようにそそのかされて、おじの実朝を殺してしまったといわれています。ところが公暁も、その日のうちに、将軍を殺した大罪人として首をはねられ、一夜のうちに、源氏の血すじは絶えてしまいました。
　実朝は、将軍としては無力でしたが、14歳のころから、そのころの最高の歌人藤原定家を師とあおいで、さわやかで力強い和歌をおおくよみました。鎌倉右大臣家集ともよばれる『金槐和歌集』には、約700種の、実朝の歌がおさめられています。

北条時頼 (1227—1263)

　大雪の夜、上野国佐野(群馬県高崎市)あたりで、ひとりの僧が、1軒のあばらやに一夜の宿をたのみました。すると家の主人は、貧しくてもてなしのできないのをわびながら「せめて、からだでもあたためてください」と、たいせつにしていた鉢植えの梅や松や杉の木を、いろりでたいてくれました。その主人は、いまはおちぶれていても、佐野源左衛門と名のる武士でした。

　やがて、春になって鎌倉幕府が兵をあげようとしたときのこと、鎌倉へかけつけた武士のなかに源左衛門がいるではありませんか。また、源左衛門がふと見ると、幕府をおさめる執権のそばに、いつかの僧がいるではありませんか。この僧こそ、まえの執権北条時頼だったのです。時頼は、源左衛門を呼んで鉢の木をたいてくれた礼をいい、さらに、貧しくても鎌倉へかけつけてくれた武士の心をほめて、広い土地をあたえました。

　これは「鉢の木」と題する謡曲に語り伝えられている話です。事実かどうかはわかりません。しかし、時頼が、人びとの暮らしぶりを知るために身分をかくして町や村をたずねるほど、細かい心くばりをする政治家であったことを、よく伝えています。

　3歳のときに父を失い、祖父の泰時にきびしく育てられた北条時頼は、病気の兄にかわって19歳で、鎌倉幕府の執権職を受けつぎました。このときは、もう、祖父も亡くなっていました。

　執権になった時頼は、まず、執権職をひそかにねらっていた名越光時や、幕府のなかで大きな力をもつようになってきた三浦氏を、2年のうちに討ち、北条氏の権力をますます強いものにしました。そのうえ、1252年には、鎌倉幕府の第5代将軍

　源 頼嗣をしりぞかせて、後嵯峨上皇の皇子宗尊親王を征夷大将軍として鎌倉へ迎え、幕府を安泰にしました。
　すぐれた政治の才能をもっていた時頼は、こうしてまたたくまに、北条氏の独裁体制を固めました。ところが、執権職の位にあったのは、宗尊親王を迎えてから、わずか5年でした。29歳で執権職を北条長時にゆずり、出家してしまったのです。
　しかし、出家したのちも、長時を助けて、人びとから信頼される幕府をつくるために、力をつくしました。自分からすすんで倹約しながら貧しい農民たちを救ったといわれ、「鉢の木」のような話が生まれたのも、時頼が、武士だけではなく町人や農民からもしたわれたからです。
　時頼は36歳で病死しました。するとそのとき、おおくの武士が、時頼の死を悲しんで出家したと伝えられています。
　鎌倉の建長寺は、禅宗を信仰していた時頼が建てたものです。

吉田兼好 (1283ころ—1352ころ)

　木のぼりの名人が、男を高い木にのぼらせて枝を切らせているときのこと。名人は、男が高い枝の危険なところで仕事をしているときは、なにもいわないで、男が下のほうまでおりてきたときになって「用心しておりろ」と言いました。すると、これを見ていた人が「これくらいなら、とびおりることだってできるじゃないか。どうして注意するのだ」と、たずねました。
　名人は答えました。
　「枝が折れそうであぶないあいだは、気をつけます。だから、なにも注意する必要はありません。ところが、あやまちは、もうわけはないという気になったときに、おこるものです」
　これは『徒然草』に記されている話です。人間のゆだんが失敗につながることを、おもしろく、いましめています。
　「つれづれなるままに、日ぐらしすずりにむかひて……」
　（何もすることがないのにまかせて、1日じゅう、すずりに向かって）という書きだしにはじまる『徒然草』の作者吉田兼好は、鎌倉時代の末期から、南北朝の争乱、室町幕府の設立へと、歴史の流れが激しく変わる不安な時代に生きた随筆家です。
　兼好は、京都の吉田神社の、神官の分家に生まれ、本名を卜部兼好といいました。若いころは、後二条天皇に仕え、御所を警備する左兵衛佐という位にまでのぼりました。
　ところが、後二条天皇が亡くなると朝廷をしりぞき、30歳のころ、出家して僧になってしまいました。朝廷と鎌倉幕府との対立や、朝廷の中での持明院統と大覚寺統との政権争いなどがわずらわしくなり、心のよりどころを仏教にもとめたのだろ

う、といわれています。このとき名を音読みにして法名を兼好としました。そのご、本家の吉田神社の神道がさかんになると、吉田兼好とよばれるようになったということです。

　出家してからの兼好は、京都で修行をつみ、また、関東などへ足をむけて自由な旅を楽しみ、そのかたわら、歌人二条為世のもとへ入門して和歌を学びました。そして、40歳をすぎたころには、二条派の和歌四天王の一人にあげられるほどになっていました。ものごとを心で見つめ、その感動を歌にしたのです。

　晩年は、京都の仁和寺の近くに住み、深い教養を身につけた歌人、随筆家、古典学者として、人びとにしたわれました。しかし、なんといっても、兼好の名を歴史に残したのは、随筆文学の傑作とたたえられる『徒然草』です。仏教、学問、芸術、生活などをとおして、人間の生き方がさりげなく語られ、いまも、おおくの人びとに読みつがれています。

後醍醐天皇 (1288—1339)

後醍醐天皇は、1318年に、30歳で即位しました。このとき鎌倉幕府の実権をにぎっていたのは、執権職の北条高時です。幼いころから激しい気性の持ち主だった天皇は、幕府が朝廷のことにまで口をだすのが、不満でしかたがありませんでした。平安時代の初めに醍醐天皇がおこなったように、天皇自身の考えで、国の政治を進めたいと思ったからです。後醍醐という名からも、その望みがたいへん大きかったことがわかります。

「政治の実権を手に入れるためには、高時を討たなければ……」

天皇は、ひそかに、倒幕の計画を進めました。しかし、計画は事前に幕府にもれて、計画にくわわっていた貴族たちは、捕えられてしまいました。1324年におこった正中の変です。

あきらめきれない天皇は、大きな寺や各地の武士を味方につけて、ふたたび、倒幕をくわだてました。ところが、またも秘密が幕府にもれてしまいました。

こんどは、貴族ではなく、自分の身が危険です。天皇は笠置山(京都府)にのがれ、楠木正成らを味方につけて、幕府軍と戦いました。しかし、幕府の大軍に勝てるわけはありません。天皇は捕えられ、隠岐島(島根県)へ流されてしまいました。

1333年、天皇は隠岐をぬけだし、幕府に不満をもつ伯耆(鳥取県)の豪族名和長年のもとで、みたび立ちあがりました。そして、こんどこそ鎌倉幕府を滅ぼして京都へ帰りました。幕府に謀反をおこした足利高氏(尊氏)や、上野国(群馬県)の武将新田義貞らに、幕府を討たせたのです。

「くじけずに戦ったかいがあった。これで天皇の政治ができる」

　46歳になっていた天皇は、年号を建武と改め、政務のための記録所や、争いごとを解決する雑訴決断所などを新しくもうけて、天皇中心の政治「建武の新政」を始めました。

　しかし、やっと実現した新政は、わずか1年でくずれてしまいました。武士よりも貴族をたいせつにする新政に不満をいだいた尊氏が、自分の力で武家政治をおこなうために、兵をあげたからです。1336年、戦いに敗れた天皇は、尊氏の力で、天皇の位を光明天皇にゆずらされてしまいました。

　またも追われる身になった天皇は、吉野（奈良県）へのがれました。そして新政への夢をさらにつないで、もう1つの朝廷をつくりました。これが2つの朝廷が並ぶ南北朝の始まりです。

　その後の天皇は、北朝（京都）と南朝（吉野）の統一に苦心しました。しかし、願いを果たせないまま病にたおれてしまいました。天皇の政治のために戦いつづけた、波乱の生涯でした。

楠木正成 (くすのきまさしげ)（1294—1336）

『太平記』とよばれる軍記物語があります。鎌倉時代の終わりころから南北朝時代までのあらそいをえがいた、歴史読み物です。

この『太平記』によれば、河内国（大阪府）の武将楠木正成が、日本の歴史のなかに登場するのは、幕府をたおそうとした後醍醐天皇に、呼びよせられてからのことです。それより以前の正成については、河内の土豪であったらしいということしか、ほとんどわかっていません。

正成が呼びよせられたとき、後醍醐天皇は、幕府をたおす計画が幕府にもれ、身を守るために笠置山（京都府）へのがれていました。しかし、天皇はまもなく幕府軍に捕えられました。

天皇に忠誠をちかった正成は、天皇が捕えられても、河内の赤坂城にたてこもって、幕府の大軍と戦いました。そして、城内に食糧がなくなると城に火を放って落ちのびました。

「天皇が帰ってこられるまで戦いぬくのが、わしのつとめだ」

生きながらえて、最後まで天皇に仕える決心をしたのです。

その後、兵をたてなおした正成は、赤坂城をうばい返し、さらに、赤坂城の奥の山に千早城をきずきました。

1332年、幕府の数万の大軍が、千早城へ攻めてきました。千早城でむかえうったのは1000人たらずの兵です。正成は、城の上から大きい石を落とし、わら人形で敵をおどし、攻めてくる敵に火や油をそそぎかけ、知恵をはたらかせて幕府軍を城の下にくぎづけにしました。このときの正成のめざましい活躍は、幕府軍の弱さをさらけださせ、各地の武士を、討幕にむかわせるきっかけになったと、伝えられています。

　1334年、ついに幕府がたおれて天皇による「建武の新政」が始まり、倒幕に力をつくした正成は、河内国を支配する国主に任じられました。ところが、足利尊氏が謀反をおこしました。
　正成は、天皇を守って戦い、尊氏の軍を京都から追いだしました。しかし、数か月ご、九州で軍勢をたてなおした尊氏が、ふたたび京へ軍をすすめてきました。おおくの武士を味方につけた大軍です。正成は、天皇に尊氏と仲直りすることをすすめました。また、戦うなら、尊氏軍を京都におびきよせて討つことを進言しました。しかし、どれも、反対されてしまいました。
　1336年5月、正成は、死を覚悟して尊氏軍と湊川（兵庫県）で戦い、はなばなしく討ち死にしました。桜井（大阪府）での、子の正行との涙の別れは、このときの伝説です。
　天皇に河内から呼びよせられて、討ち死にまでの5年、正成は、天皇につくすことだけを考えて、生きぬきました。

新田義貞（1301—1338）

　新田義貞は、鎌倉時代の終わりころから南北朝時代にかけて活躍した武将です。上野国（群馬県）新田で、源氏の一族として生まれました。同じころ、となりの下野国（栃木県）足利では、やはり源氏一族の足利高氏（尊氏）が生まれています。

　新田氏も足利氏も、鎌倉幕府に仕える有力な御家人でした。しかし、足利氏が幕府の政治をつかさどる北条氏と親戚関係をむすんで、重要な職についていたのにくらべて、新田氏は幕府に冷たくあつかわれ、北条氏に不満をいだいていました。

　1333年、義貞は、後醍醐天皇に仕えて幕府にそむく楠木正成を討ちに、幕府の命で河内国（大阪府）の千早城に向かいました。

　ところが、戦のじょうずな正成の守りがかたいのを見た義貞は、病気といつわって、戦いの中途で新田へ帰ってしまいました。北条氏の命令どおりに動くよりも、世の中の動きをよく見つめて、自分にとくな行動をとることにしたのです。

「敵は、北条だ。幕府をたおしてしまえ」

　同じ年の5月、義貞は兵をあげました。高氏が幕府に謀反をおこして天皇に味方するようになり、義貞にも「幕府を討て」という、天皇の命がとどいたのだろうといわれています。

　義貞の軍は、鎌倉へ進むうちに味方がふえ、みるみる大軍になりました。しかし、鎌倉は三方が山にかこまれ、かんたんには攻め込めません。義貞は海岸ぞいに稲村ヶ崎から七里ヶ浜へ進み、海がわから、一気に攻めかかることにしました。このとき、海に刀を投げ入れて神に潮がひくのをねがい、味方の兵を勇気づけたと伝えられています。

　義貞は、鎌倉に攻め入って北条氏の一族を討ち、幕府をたおしました。そして後醍醐天皇の新しい政治が始まると、その手がらによって、京都を守る武者所頭人（長官）に任じられました。
　1335年、こんどは尊氏と戦うことになりました。鎌倉にもどっていた尊氏が、自分の力で新しい幕府をつくるために立ちあがったからです。義貞は、天皇の命で出陣しました。
　義貞は、箱根での戦いには負けましたが、京都へ追ってきた尊氏を、遠い九州へ追いはらいました。ところが、つぎの年には、ふたたび京へ攻めのぼってきた尊氏の大軍に、生田ノ森（神戸市）の戦いでやぶれてしまいました。
　義貞は、かならず、京へもどってくることを心に秘めて、越前国（福井県）へのがれました。しかし、その夢は果たせませんでした。尊氏に味方する斯波高経に敗れたのです。その後、征夷大将軍になった尊氏にくらべ、あまりにも非運な武将でした。

岡崎正宗（生没年不明）

　12世紀の終わりころ、源頼朝が鎌倉に幕府を開いて武家政治が始まると、武士の文化がさかんになりました。とくに、武士にとっては、なくてはならない刀剣の発達はめざましく、各地に、歴史に名を残す刀工が現れました。「名刀正宗」の名で知られる岡崎正宗は、その鎌倉時代を代表する刀工です。

　鎌倉時代中期の1264年ころ、相模国（神奈川県）鎌倉で生まれたといわれる正宗は、刀工の技術を、新藤五国光に学びました。そして、国光の弟子の藤三郎行光の養子になって、名刀を生みつづけたと伝えられています。

　刀に、ねばり強さと美しい刃文をもたせる、鎌倉の刀工のすぐれた技術を身につけた正宗は、さらに工夫と研究をかさねて、新しい刀をつくりだしました。たけを長く幅を広くして、そりを少なくし、そのうえ刃をかたく、うすくした刀です。これは、1274年と1281年に元（中国）軍が日本へおそってきたときの教訓を生かして、考えだしたのだといわれています。海から船で攻めてくる敵に対しては、たけの長い刀が効果をあげ、布と綿のよろいを着た元軍の兵を切るには、うすくて切れ味のするどい刀が、威力があったからです。

　国光、行光、そして正宗によって完成された、この大きな刀を相州物とよびました。正宗は、相州物によって、刀工のひとつの流派をうちたて、名刀工とうたわれるようになったのです。

　ところが、やがて世の中が平和になると、たけの長い刀は使われなくなり、たけが切りつめられるようになりました。刀工の名前を入れたつかの部分が切りとられ、このため、正宗の名

が入った刀は、のちに少なくなってしまいました。
　正宗は、刀を作るとき、まず冷たい水をかぶって、からだを清め、よごれひとつない白い装束を身につけて、仕事場へ入りました。すぐれた刀をうつためには、きびしい修行でみがきあげた技術のほかに、けがれのない心がたいせつだったからです。
　正宗は、正宗十哲とよばれる10人の名刀工を残したほか、多くの弟子を育てました。年老いてからも全国各地をめぐり、すぐれた刀工になりそうな人にであうと、自分のもっている技術のすべてを教えたといわれます。自分にはきびしいが、きっと心の広い人だったのでしょう。
　正宗の刀は、豊臣秀吉が、家来にほうびとして与えるようになって、とくに有名になったともいわれます。いまも、いく振りかの刀は名刀として、国宝や国の重要文化財に指定され、その美術品としての美しさは、外国にまで知れわたっています。

「読書の手びき」

親 鸞

仏教語で、阿弥陀の力を借りることを「他力」といいます。また、阿弥陀が過去の世で、すべての生きものを救うためにたてた誓願を「本願」といいます。親鸞の思想は、この「他力本願」を基底にすえて「人間は自己の修行によって悟りを開くことができるものではない。念仏をとなえたから極楽浄土に往生できるものでもない。人間は無力であり、阿弥陀の本願によってのみ救われるのだ」というものです。親鸞は「歎異抄」のなかで「弟子１人も持たず候」といっています。それは、自分は悟りを開いた人間などではなく、けがれの多い凡人だという自覚のうえに立っていたからです。だから、自ら人の師になることを避け、自分の力で新しい宗教を開く意志もありませんでした。ところが、阿弥陀をひたすらに信じることだけを説く純粋性が人びとの心をとらえ、死ご、浄土真宗の開祖とよばれるようになりました。親鸞の教えは、人間のおごりを静かに戒めています。

日 蓮

人間が、この世に受けた肉体のまま仏になることを即身成仏といいます。日蓮が、南無妙法蓮華経をとなえて仏を信仰すれば、だれでもかなえられると説いたのは、この即身成仏の思想です。親鸞をはじめ多くの僧が説いた浄土往生の思想にくらべると、大きな違いです。また、『立正安国論』を著わして法華経の教えのうえに立たなければ国の安泰はないと訴え、他の宗派をすべて攻撃しました。そのため、他宗派信者の圧迫を受け、伊豆、佐渡へ流されました。しかし、迫害にも流罪にも耐えて、日本の救世主たる信念で生き続けました。ここに日蓮の偉大さがあります。日蓮が国難を予告したことと元の襲来は、偶然の一致にすぎなかったでしょう。でも、法華経によって浄化された日蓮の心に、未来を予知するほどの力が